AF339652

M. LE COMTE DE PARIS

ET

LE PARTI MONARCHIQUE

PARIS

SOCIÉTÉ GÉNÉRALE DE LIBRAIRIE CATHOLIQUE

VICTOR PALMÉ, Directeur

LE MANS

EDMOND MONNOYER, IMPRIMEUR-ÉDITEUR

—

1884

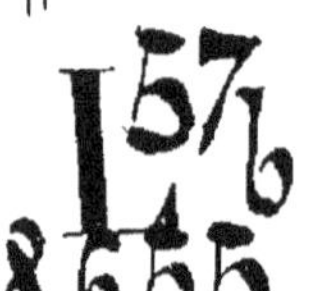

M. LE COMTE DE PARIS

ET

LE PARTI MONARCHIQUE

I

C'est maintenant vers M. le comte de Paris que sont tournés les regards et les espérances royalistes, depuis que par la mort de M. le comte de Chambord, il est devenu le chef de la maison de France et le représentant incontesté du principe de l'hérédité monarchique.

Attendue, désirée comme une libératrice au lendemain de nos désastres, la royauté, alors qu'elle était faite dans les esprits et s'imposait à ses adversaires, n'a pas été rendue à nos vœux. Par suite de quelles circonstances avons-nous été privés de ses inestimables bienfaits ? Le rechercher serait toucher à des questions délicates plus faites pour soulever des controverses que pour réaliser l'accord si désirable qui doit exister entre tous les partisans de la monarchie. D'ailleurs, le remède aux maux du présent n'est pas dans la contemplation du passé, et il serait inutile et dangereux de s'attarder dans de vaines récriminations et de stériles regrets.

Le principe de la légitimité est indispensable à la force et à la durée de la monarchie comme au repos d'un peuple et à la stabilité de ses institutions. On ne s'en sépare jamais sans livrer le pays à tous les hasards des révolutions, et sans créer un profond abîme que la politique la plus habile est impuissante à combler. Des hommes d'État, de hautes intelligences ont reconnu cette vérité que l'expérience dans notre histoire a suffisamment démontrée.

M. le comte de Paris représente aujourd'hui ce principe, et sa personne, ses antécédents, son caractère ne peuvent servir de prétexte à ces accusations de retour à l'ancien régime dont on a si souvent abusé pour rendre la royauté impopulaire. Calomnies inventées, dira-t-on, par l'esprit de parti, accueillies par l'ignorance ou la mauvaise foi, mais contre lesquelles de généreux efforts ont fini par échouer. A ce point de vue, le chef actuel de la maison de France n'a rien qui éveille les susceptibilités de l'esprit moderne, et c'est ce qui peut rendre plus favorable la situation du parti monarchique.

M. le comte de Paris est dans la maturité de l'âge, condition préférable à d'autres âges de la vie, alors surtout que les circonstances réclament dans le souverain le jugement et l'autorité qui manquent à la jeunesse, l'énergie qui manque à la vieillesse. Sa visite à Frohsdorf en 1873 n'a pas été seulement un acte de loyale soumission envers l'auguste chef de sa maison, mais un acte de sagesse et de patriotisme qui lui assure les avantages du principe dont il devient à son tour le dépositaire et l'héritier.

M. le comte de Paris voit, grâce au concours des

événements, se réunir autour de sa personne des partis longtemps séparés par des divergences de vues, d'idées, de principes ou de funestes malentendus, divisions qui en affaiblissant le parti monarchique n'ont pas peu contribué à l'affermissement et à la durée de la république.

Les légitimistes et les orléanistes que l'on doit confondre sous le nom de royalistes, ne forment qu'un seul parti, marchant vers le même but. Pour rendre leur union aussi complète que possible, il importe de ne pas réveiller certains souvenirs du passé et d'effacer la trace des anciennes discordes. Que tous n'aient qu'une pensée : l'intérêt de la France et de la cause monarchique.

Les conservateurs attachés au prince impérial, ne trouvant avec son successeur aucune des garanties qu'ils réclament à juste titre, et que leur promettait le fils de Napoléon III, devront accepter une monarchie ouverte à toutes les aspirations légitimes, à toutes les forces conservatrices de la société, et qui fait appel au loyal concours de tous les partis.

L'ancien parti orléaniste a tenu une place importante dans le pays; il compte des hommes éminents et a de nombreux adhérents dans toutes les classes de la société. L'expérience doit lui avoir appris les inconvénients du parlementarisme. En des temps troublés, il convient de fortifier surtout le principe d'autorité sans lequel périssent les libertés les plus nécessaires dont un gouvernement fort et respecté assure le paisible exercice.

Plus le Prince affirmera son autorité, plus il aura d'adhérents, et plus s'augmenteront la force et l'unité du parti monarchique.

M. le comte de Paris a droit de compter sur l'appui de l'ancien parti légitimiste qui par attachement inviolable à son principe, par honneur et par devoir n'a pas hésité à lui donner des témoignages publics de son adhésion. S'il s'est rencontré de rares dissidents, leur petit nombre n'a servi qu'à faire ressortir l'unanimité du parti légitimiste avec plus d'éclat. Leurs tentatives isolées ont été condamnées par la logique, le bon sens, la fierté nationale et par ces princes étrangers eux-mêmes pour lesquels ils avaient rêvé la couronne de France.

M. le comte de Paris avait rempli son devoir en 1873 ; les légitimistes n'ont pas manqué au leur en 1883, saluant en lui le successeur de l'illustre exilé dont la mort eut un si profond et douloureux retentissement en France et en Europe.

On s'est plu à contester la force de l'ancien parti légitimiste. Il est certain que tenu depuis longtemps à l'écart, constamment déçu dans ses espérances, il s'est refugié dans ses souvenirs et ses regrets, et a perdu de l'influence qu'il était appelé à exercer sur les affaires du pays. Mais il est certain aussi que son opposition ou son abstention a été nuisible aux gouvernements qui se sont succédé depuis la chute de la Restauration. Ce parti qui a conservé intacte la tradition monarchique, ne saurait donc être regardé comme inutile, et à travers les vicissitudes qu'il a éprouvées, il continuera de travailler à l'œuvre patriotique de la restauration monarchique, se souvenant de ces paroles de M. le comte de Chambord : *ma personne n'est rien ; mon principe est tout* (1) ; et de cette autre pensée si vraie encore qu'exprimait ce noble prince dans son manifeste du 25 janvier 1872 : *Le césarisme et l'anarchie nous menacent encore parce que l'on cherche dans des questions de personnes le salut du pays, au lieu de le chercher dans les principes.*

On a trop souvent de nos jours confondu les personnes avec les principes, comme si l'on devait s'attacher plus aux hommes qui passent qu'aux institutions qui restent ! Erreur funeste, car elle ouvrirait le champ aux compétitions, aux préférences de chacun, et tendrait à détruire en le faussant, le vrai principe monarchique.

L'histoire de France nous montre la couronne transmise selon l'ordre invariable de succession pendant huit siècles dans la même famille, exemple qui prouve victorieusement la force de l'institution monarchique et sa supériorité sur des gouvernements démocratiques qui ne purent jamais s'établir parmi nous, ni durer, ne fut-ce qu'un petit nombre d'années, sans livrer le pays à de violentes secousses et sans ébranler les fondements sur lesquels repose la société.

Quel gouvernement plus favorable que l'hérédité monarchique à la tranquillité, aux progrès et au dé-

____

(1) Lettre du 27 octobre 1873, à M. Chesnelong.

veloppement pacifique de tout un peuple? Elle donne au présent ce calme et cette sécurité qui résultent d'un avenir garanti par des institutions durables, éprouvées par le temps.

Des princes se succèdent en vertu de cette loi d'hérédité humaine, soumise elle-même à une loi plus haute, celle de Dieu qui dans ses impénétrables desseins décide de la naissance des princes comme de la mort des rois, de la perpétuité des races royales et du sort des nations.

Aujourd'hui encore, après bien des essais frappés d'impuissance et marqués par des revers, c'est à la légitimité que la France doit revenir. C'est par ce principe supérieur aux calculs, aux passions et aux ressentiments de l'esprit de parti que s'établit l'entente, que se fait l'unité monarchique.

Si la valeur guerrière, le mérite personnel et une nombreuse lignée donnent à une dynastie la puissance et l'éclat, on est obligé de convenir que la maison de France n'a aucune comparaison à redouter. L'armée française a vu dans ses rangs plusieurs de ces princes qui se sont distingués par leur science militaire, par leur brillante conduite sur les champs de bataille, et dont l'un voulant, quoiqu'exilé, défendre en 1870 la France envahie, cacha son héroïsme sous un nom d'ancêtre qu'il a rajeuni et illustré.

Pour bannir ces princes de l'armée, la république n'a trouvé qu'un général qui avait failli à sa parole d'honneur.

II

Avant de considérer le parti monarchique au point de vue de ses espérances et de ses moyens d'action, il n'est pas inutile de parler des deux adversaires de la royauté : la République et l'Empire.

La république a traversé trois phases principales avant d'arriver à la période actuelle qui paraît devoir être la dernière. Nous avons eu d'abord la république du 4 septembre que les républicains ont proclamée par surprise, en face de l'ennemi victorieux, ne voyant dans nos revers qu'une occasion de s'imposer avec eux. La république du 4 septembre nous a coûté l'Alsace, une partie de la Lorraine, 4 milliards (1), et la Commune qui, grâce aux armes laissées par Jules Favre à la garde nationale, a pu tenir notre armée en échec pendant deux mois, massacrer les otages, incendier Paris et infliger des pertes immenses au commerce et à l'industrie (2).

Nous avons eu ensuite la République conservatrice de M. Thiers. Lorsqu'elle a dégénéré en calculs ambitieux et égoïstes, et en concessions dangereuses, elle a été remplacée le 24 mai 1873 par la république du maréchal de Mac-Mahon, puis par le septennat qui a pris fin le 30 janvier 1879, à la démission du maréchal. Cette troisième phase a été la plus tranquille et la plus prospère. C'était la république sans les républicains.

(1) Discours de M. Thiers à l'Assemblée nationale, 20 juin 1871.
(2) On a évalué à un milliard le chiffre représenté par ce que la Commune a détruit à Paris, et à environ deux milliards les dépenses et les pertes qu'elle a occasionnées.

La république actuelle qui lui a succédé, avec la présidence de M. Grévy, a permis aux républicains d'exercer le pouvoir, et de faire juger de nouveau leur parti et leur gouvernement.

La guerre au *cléricalisme* a été leur principale préoccupation. Des congrégations religieuses ont été expulsées, non en vertu d'une loi, mais par de simples décrets (1), bravant à la fois les protestations de la majorité des conseils généraux, le vœu des populations exprimé dans une pétition couverte de deux millions de signatures et enfin le vote du Sénat qui avait rejeté l'article 7. Des religieux inoffensifs ont été arrachés de leurs demeures. La république a requis l'aide des serruriers pour violer les domiciles et crocheter les serrures. Ce parti républicain qui n'avait pu vaincre l'étranger, a fait le siège d'un couvent et a envoyé 3.000 hommes de troupe pour prendre Frigolet.

On a vu 400 procureurs, avocats généraux et substituts ne pas hésiter à faire à leur honneur le sacrifice de leur carrière, et donner leur démission, afin de ne pas exécuter des décrets condamnés par les lois et flétris par la conscience publique. Comme il y avait encore des juges pour les opprimés, le gouvernement républicain a dessaisi les tribunaux. Aux arrêts de la magistrature il a substitué les *arrêtés de conflit*, et il a inventé ce fameux tribunal des conflits où à la fois juge et partie, il se donnait raison dans sa propre cause.

(1) Ceux du 29 mars 1880.

Tandis que des religieux qui n'avaient fait que du bien étaient bannis et traités comme des malfaiteurs, on amnistiait les criminels de la Commune. (Juil. 1880.)

Rappellerons-nous les crucifix arrachés des écoles et jetés avec ignominie, les aumôniers militaires supprimés par le ministre de la guerre (1880) malgré l'avis de 18 commandants de corps d'armée, les aumôniers et les religieuses chassés des hôpitaux et les dernières consolations de la foi interdites aux mourants ?

La république qui a outragé la liberté de conscience, attenté aux droits sacrés des pères de famille en leur refusant la faculté de choisir les instituteurs de leurs enfants ou en leur retirant ceux qu'ils avaient choisis, se vante d'avoir beaucoup fait pour l'instruction populaire. On a laïcisé des écoles. Des Frères et des Sœurs ont été renvoyés, non parce qu'ils enseignaient mal à leurs élèves, mais parce qu'ils leur apprenaient à prier Dieu. On a bâti à grand frais de somptueuses écoles laïques. A Paris leur reconstruction a coûté 41 millions en quelques années. Dans les départements les communes ont été condamnées à de lourds impôts par des dépenses exagérées. Le budget de l'instruction publique a été augmenté de 100 millions. Après avoir doté la caisse des écoles de 392 millions, on a demandé pour elle un supplément de 700 millions (1). Malgré l'énormité des dépenses, malgré les pressions de toutes sortes exercées sur les familles par les agents du gouvernement,

(1) *Les finances de la République*, par M. le Trésor de la Roque, ancien Conseiller d'État. Paris, 1884, Calmann-Lévi in-12.

les écoles laïques (les statistiques officielles en font foi) sont restées inférieures aux écoles libres qui ont vu s'augmenter le nombre de leurs élèves. Ce fait contient la plus éloquente protestation contre les efforts du gouvernement pour imposer à la France une instruction républicaine et athée.

En essayant de faire revivre le divorce, la république porte atteinte à la famille dont l'indissolubilité du mariage est la meilleure garantie.

Les *épurations* de la magistrature sous la république ont montré comment elle entendait exercer la justice (1). Les tribunaux n'ont plus à rendre des arrêts, mais des services. L'indépendance et l'intégrité, ces vertus traditionnelles de la magistrature, doivent être remplacées par la servilité et l'esprit de parti.

La politique a été mêlée à l'armée comme à tout le reste. L'insubordination d'un major est devenue un titre à sa fortune. Des ministres de la guerre se sont illustrés, celui-ci en supprimant les tambours, celui-là en expulsant des princes de l'armée, un autre en interdisant aux soldats qui rendent les honneurs militaires à un mort, de franchir le seuil de l'église pendant le service religieux.

La république s'est précipitée dans des expéditions aventureuses, engagées sans l'avis du Parlement, expéditions ruineuses pour nos finances et sans profit pour

(2) 613 magistrats ont été frappés par M. Martin-Feuillée, en vertu de la loi du 30 août 1883. 1549 magistrats ont donné leur démission sans avoir de droits à la retraite, ou ont été privés de leurs fonctions par le gouvernement républicain.

le pays. En ce moment elle prépare une loi militaire qui au nom d'une monstrueuse égalité, empêcherait le recrutement du clergé, entraverait presque toutes les carrières, écraserait le budget et serait à la fois la destruction de l'esprit militaire et la ruine intellectuelle de la France.

Qu'a fait pour l'agriculture cette république que M. Ferry a appelée ironiquement la *république des paysans?*

« L'État prélève 31 francs sur 100 francs du re-
« venu créé par le paysan et quatre fois moins sur
« les 100 francs de revenu créé par l'ouvrier. Suppo-
« sez à l'un comme à l'autre un revenu de 1.500 francs,
« le fisc enlève au premier 460 francs en moyenne,
« et 117 francs à l'autre, différence au préjudice du
« paysan, 343 francs que la République encaisse et
« qu'elle débourse ensuite au profit non du paysan,
« mais de l'ouvrier. On t'a dit, pauvre cultivateur,
« et chaque jour on te répète qu'émancipé depuis
« 1789, la Révolution t'a délivré de ton maître et
« de ton seigneur ; mais on se rit de ta simplicité :
« de tes trois cents jours de labeur, il y en a cent
« dont le produit sera versé sous une forme ou sous
« l'autre, entre les mains de ton nouveau seigneur ;
« oui, cent jours par année, tu travailles afin que
« l'ouvrier des grandes villes puisse jouir des fa-
« veurs que le budget lui réserve...

« On connaît le caractère du tarif inauguré par
« les chambres républicaines. Ce tarif à double face,
« libre-échangiste quand il s'agit de l'agriculture,

« protectionniste quand il s'agit de l'industrie, a pour
« les agriculteurs deux résultats : il les livre sur le
« marché national, à la concurrence étrangère et
« déprécie les prix de vente des denrées qu'ils pro-
« duisent ; il rehausse sur le marché intérieur les
« prix d'achat des objets à leur usage. Lisez les dis-
« cours des ministres, des préfets, des personnages
« officiels dans les solennités agricoles, il n'en est
« aucun qui ne dise à nos cultivateurs : *vos produits*
« *sont protégés ;* mais on les trompe, car tous les pro-
« duits étrangers, similaires des produits agricoles
« sont exempts (seigle, maïs, avoine, orge, sarrasin,
« pommes de terre, lin, chanvre, colza, etc.) ou
« soumis à des droits spécifiques qui varient entre
« un et trois pour cent de la valeur de ses produits.
« Les intérêts de l'agriculture n'ont pas été mieux
« sauvegardés dans le vote des tarifs que dans le
« vote des budgets. Le paysan vend ses denrées à un
« prix limité par la concurrence de tous les peuples,
« et il achète les objets qui lui sont nécessaires à un
« prix exhaussé par des droits protecteurs (1). »

Il n'est personne aujourd'hui qui ne reconnaisse
la situation inquiétante de nos finances. Après le
payement de l'indemnité de la guerre qui était de
5 milliards, après les charges immenses imposées
par l'insurrection de la Commune, le budget de 1876,
le dernier voté par l'Assemblée nationale, se réglait
par un excédent de 100 millions. Grâce au gas-
pillage, aux folles prodigalités d'une administration

______

(1) *Les finances de la République,* ouvrage déjà cité, p. 262, 268.

sans contrôle (1), il y avait pour l'exercice de 1880 un déficit de 35 millions. Il atteignait le chiffre de 89 millions 738,000 francs pour l'exercice de 1881. Après avoir nié le déficit, le ministre des finances fut forcé de l'avouer, lors de l'exercice de 1882 ; mais il accusa seulement un chiffre de 47 millions, tandis que le chiffre réel était de 342 millions. Pour l'exercice de 1884, le déficit atteint près de 370 millions. La dette flottante, à l'heure actuelle, s'élève à près de 2 milliards 500 millions (2).

La république, il est vrai, a fait des économies sur les évêques en réduisant leur traitement. Mais elle a inscrit au budget de 1883 pour 8 millions de pensions viagères, à titre d'indemnités à de prétendues victimes du coup d'État du 2 décembre dont la plupart étaient à peine nées à cette époque, et parmi lesquelles figurent avec des sénateurs et des députés, des insurgés de la Commune et la veuve de Millière qui participa aux crimes les plus odieux de cette insurrection.

Des impôts dont le rendement diminue, des dépenses progressives, un déficit croissant, telle est exactement la situation financière.

La République a commencé par l'invasion et la défaite ; elle finira par la banqueroute.

Après avoir constaté les maux présents, il est facile de prédire ceux qui vont les suivre. L'auteur d'un livre remarquable, paru récemment et qu'on ne réfutera pas,

____

(1) On sait qu'à la Chambre la minorité a été exclue de la commission du budget.

(2) *Les finances de la République*, par M. le Trésor de la Roque.

parce qu'il est appuyé sur des faits et des chiffres trop
réels, annonce en ces termes la ruine menaçante:

« Rentiers, la réduction de votre revenu a (en dépit
« d'assurances contraires) entraîné une dépréciation
« de votre capital ; cependant vous serez frappés
« plus durement encore dans votre capital par la
« baisse, dans votre revenu par l'impôt.

« Actionnaires, obligataires, détenteurs de valeurs,
« le dividende fléchit et les cours se dépriment ; mais
« vous serez aussi et comme les rentiers, frappés
« dans vos capitaux par la baisse, dans vos revenus
« par l'impôt.

« Propriétaires, atteints par la crise agricole, la
« crise financière accroîtra votre gêne. Vous ne trou-
« verez plus à vendre cette terre, dont le revenu ne
« couvre même pas vos déboursés.

« Fermiers, cultivateurs, vous verrez s'accentuer
« l'avilissement des prix qui cause vos malheurs.

« Industriels, la hausse des salaires maintenue par
« des atteintes à votre liberté, élève tous vos prix et
« peu à peu vous chasse des marchés étrangers ;
« vous serez écartés de ceux de l'intérieur quand la
« gêne en aura éloigné l'acheteur, et vous serez
« promptement réduits au chômage.

« Commerçants, selon vous, vos revenus fléchissent ;
« pourtant vos magasins sont encore fréquentés ;
« attendez quelques mois, vous les verrez déserts ;
« la crise en bannira vos clients appauvris.

« Quant à vous, travailleurs, vous riez jusqu'ici de
« nos appréhensions : « les rentes peuvent baisser,

« nous n'avons pas de rentes, dites-vous ; les valeurs
« s'amoindrir, nous ne possédons pas de valeurs.
« Que nous importent les bénéfices d'autrui ? » Et
« c'est bien vous pourtant que la crise menace ; des
« débris de notre aisance ou de notre richesse, pro-
« priétaires, fermiers, commerçants, nous vivrons ;
« mais que deviendrez-vous si la ferme est en friche
« et l'usine en chômage (1)? »

On s'étonnera qu'un gouvernement ayant prodigué
l'insulte à tout ce qui est respectable, et porté la main
sur toutes les libertés, sans avoir même su donner la
prospérité matérielle, soit encore debout et n'ait pas
succombé sous le poids de l'indignation et du mépris.

La République a dû d'abord son existence et sa durée aux divisions du parti monarchique. Elle les doit
aujourd'hui à la force que conserve tout gouvernement
établi jusqu'à l'heure inévitable de sa chute. Elle a la
possession, et c'est aux yeux de la foule son meilleur
titre. Elle est soutenue enfin par ce sentiment d'envie démocratique et de jalouse égalité qui voit en elle
le moyen d'abaisser toutes les supériorités.

Ce gouvernement d'en bas flatte les instincts ré-
volutionnaires d'une certaine multitude, lui permet
de prendre momentanément sa revanche contre la
société qui, en dépit des utopies républicaines, repo-
sera toujours sur des inégalités.

L'envie contre le rang, le mérite et la fortune, l'ir-
réligion, la cupidité, les ambitions sans frein, voilà sur

____

(1) *Les finances de la République*, p. 487 et 488.

quoi s'appuie le gouvernement républicain condamné à finir dans le désordre moral et la ruine publique.

Un parti qui conserve contre la royauté d'anciens préjugés, cherche à opposer à la république l'éventualité d'un Empire.

Examinons dans quelles conditions l'Empire s'offre à nous aujourd'hui.

III

En 1871, une assemblée monarchique avait été élue non seulement pour remédier aux désastres causés par l'invasion ennemie et la dictature républicaine, mais pour donner à la France un gouvernement stable et réparateur.

L'Empire était tombé à Sedan, et ses partisans demeuraient comme abattus sous le poids de ce souvenir néfaste. Cependant après l'insuccès des tentatives de restauration monarchique, des espérances s'étaient reportées sur le prince impérial. La mort inattendue de ce jeune prince frappé dans le cours d'une expédition lointaine, mit fin brusquement à ces espérances. Les sentiments et le caractère du fils de Napoléon III offraient encore la possibilité d'un Empire conservateur que ne pouvait plus personnifier le prince Jérôme Bonaparte par ses antécédents, ses allures démocratiques et ses idées anti-religieuses. Il n'est pas besoin de rappeler son opposition à Napoléon III qui eut le caractère de l'ambition jalouse et de l'ingratitude, ses dîners gras du vendredi saint, et le sobriquet injurieux que lui valut la triste réputation qu'il s'acquit sous le rapport du courage militaire.

Député, il a été l'un des 363, se rangeant ainsi ouvertement parmi les représentants d'une démocratie révolutionnaire. Devenu le chef du parti impérialiste, ses lettres et ses manifestes auraient suffi pour dissiper les illusions, si l'on en avait conservé sur son compte. Alors qu'il aurait dû au moins garder le silence, il exprima publiquement les opinions les mieux faites pour éloigner de sa personne les catholiques et les conservateurs. Il approuva les révoltants décrets qui proscrivaient les congrégations religieuses (1).

Pour sortir de la situation difficile et dangereuse où il a placé les partisans de l'Empire, on a tâché d'opposer le fils au père, de faire naître entr'eux un antagonisme qui froisse au nom de la politique les sentiments de la nature, et de créer deux partis dans un seul, cherchant à raviver ainsi les espérances. Tristes ressources que celles d'un parti qui se débat dans de pareilles alternatives ! Elles montrent sous leur vrai jour sa faiblesse et les difficultés inextricables de sa situation.

Le prince Napoléon écrivait dernièrement au sujet de ces intrigues : *Rien ne pourrait discréditer davantage le nom de Napoléon et en détourner l'affection du peuple que le spectacle affligeant, contre la nature et contre l'honneur, de la compétition ouverte ou sourde d'un fils avec son père (2).*

Obéir à un prince démocrate et révolutionnaire ou

(1) Lettre du prince Napoléon, du 5 avril 1880.
(2) Lettre du 7 mai 1884, à MM. Pascal, Maurice Richard, Lenglé, Georges Lachaud, etc.

fomenter des divisions de famille dans un intérêt de parti, voilà donc à quoi sont réduits actuellement les Bonapartistes !

La doctrine Bonapartiste est sujette à tant de contradictions qu'il devient difficile de la suivre dans ses inconséquences et ses variations. Elle invoque tantôt le principe de la souveraineté populaire, tantôt celui de l'hérédité impériale, élevant tour à tour ces deux principes l'un au-dessus de l'autre, selon les circonstances et les besoins de la cause.

La monarchie légitime est la seule dans laquelle l'hérédité ait une raison d'être, et la dynastie napoléonienne ne peut être érigée au rang d'une légitimité qui ne lui appartient pas et qui est en contradiction avec son origine. Si la souveraineté du peuple domine, l'Empire doit le céder à la république, ce qu'il fait parfois en théorie, avec l'espoir de la confisquer à son profit.

Dans son testament le prince impérial désignait le prince Victor pour son successeur, comme s'il lui appartenait de changer l'ordre de succession et de léguer la couronne de France.

Le prince Napoléon disait dans un récent manifeste:

« Je suis le chef de la famille des Napoléons, le seul
« dépositaire et le seul interprète de la tradition na-
« poléonienne que j'ai reçue de l'Empereur et de mon
« cousin Napoléon III... N'oubliez jamais que le nom
« de Napoléon ne représente pas exclusivement une
« forme de gouvernement. Empire ou République,
« c'est une question accessoire à résoudre suivant la

« volonté du peuple seul, et la république d'ailleurs
« ne saurait déplaire aux descendants du premier
« Consul et du seul président de la république qui
« ait été institué par le suffrage populaire (1). »

Le prince Victor lui répond : « J'ai pour seule ligne de
« conduite celle qui nous a été léguée par l'empereur
« Napoléon Ier et par l'empereur Napoléon III (2). »

Ces contradictions de la part des Bonaparte et des
impérialistes dans la manière d'envisager l'Empire
prouvent assez qu'il lui manque ce principe de la
légitimité et de l'hérédité qui fait la force d'une monarchie et que possède seule la maison de France.
C'est en vain que pour éviter les excès de la république
on voudrait édifier un gouvernement qui n'apporte
pas le vrai principe monarchique, et que condamnent
à la fois ses doctrines et la logique des événements.

IV

Il ne suffit pas que le parti royaliste soit définiti-
vement uni. Il doit affirmer son existence, et user de

(1) Lettre du 7 mai 1884, déjà citée.
(2) Lettre du 26 juin 1884, à M. Jolibois. La publication de
diverses lettres du prince Napoléon et du prince Victor qui a
eu lieu dernièrement, ne rendra pas meilleure la cause impérialiste, car si le père n'a pas droit à l'estime, le fils manque
à la fois au respect de l'autorité paternelle et à une parole
d'honneur prise et donnée par écrit. De pareils actes ne se
justifient pas au nom de la politique; ils montrent l'Empire
représenté par une famille livrée à la discorde et créent au
parti Bonapartiste une situation embarrassante, le plaçant entre
un chef qu'il répudie et un jeune homme dont la conduite vis-
à-vis de son père est aussi contraire au devoir filial qu'à toutes
les convenances.

toutes les forces dont il dispose pour combattre résolument la république et préparer le rétablissement de la royauté.

Les éléments monarchiques sont nombreux, plus nombreux qu'on ne le croit peut-être généralement. Mais ils sont dispersés et ont besoin d'être réunis comme en un faisceau. Les comités peuvent être un de ces moyens d'organisation.

On ne saurait nier les avantages du principe d'association que le génie du mal ne fait que trop servir à sa cause et qui devient aussi une arme puissante au service du bien. Des hommes poursuivant le même but et animés des mêmes espérances, ont en se réunissant une occasion d'échanger leurs idées et de se concerter pour une action commune.

On sait que du vivant de M. le comte de Chambord, il y avait dans chaque département un comité royaliste, recevant les inspirations du prince ou de son représentant à Paris, et obéissant à une direction unique. Quoique ces comités eussent le mérite et l'avantage d'une organisation politique, leur importance et leur utilité ont paru contestables. S'ils n'ont pas eu l'influence qu'ils étaient destinés à exercer, il est juste de rappeler qu'ils étaient nécessairement restreints, par suite des divisions du parti monarchique, que leur situation politique les obligeait à se mouvoir dans une sphère peu étendue, qu'enfin ces obstacles stérilisaient leurs efforts.

Ces comités s'étant trouvés dissous par la mort de M. le comte de Chambord, la nécessité s'imposait de les reconstituer sur de nouvelles bases. La presse républicaine dénonçant alors avec violence ce qu'elle appelait les *conspirations monarchiques*, indiqua à la fois l'inquiétude que lui causait cette organisation et le bien que les royalistes étaient en droit d'en attendre.

Les comités royalistes, réorganisés avec des éléments anciens et nouveaux, demandant à chacun ce qu'il est, non ce qu'il a été, ouverts à tous les adversaires de la république, à tous ceux qui voient le salut du pays dans le retour aux institutions monarchiques, peuvent rendre de véritables services, soit dans les élections partielles ou générales, en choisissant les candidats, soit en imprimant une direction à la presse de leurs départements et en déployant le drapeau de la monarchie qu'il est plus que jamais nécessaire de montrer. Ils auront surtout une force réelle avec une direction supérieure, seule capable de conserver l'unité de vues et d'action.

L'encouragement d'une presse populaire et royaliste réclame aussi l'attention et le concours des partisans de la monarchie, dût-elle exiger quelques sacrifices. Nul ne doute de l'influence de la presse sur les idées. Si elle ne créée pas l'opinion, elle contribue à la diriger. Son influence nuisible à la religion et à la monarchie quand on s'en sert contr'elles, peut aussi contribuer à les défendre.

Telles sont actuellement les armes laissées aux mains des royalistes. Elles ne doivent pas être négligées pour le succès d'une cause que les criminelles folies de la république rendront victorieuse.

On méconnaîtrait l'intérêt de cette cause et l'idée qu'ont les princes de leurs devoirs, si l'on songeait moins à les rapprocher du trône qu'à éviter tout ce qui servirait de prétexte à leurs adversaires pour les frapper d'ostracisme. Ne l'oublions pas, le despotisme qui a besoin de prétextes n'attend pas qu'on les lui fournisse.

Puissent ces lois de bannissement qu'une Assemblée nationale eut l'honneur d'abolir ne jamais revivre ! Puisse leur épreuve être épargnée à ceux qui en ont trop connu l'amertume !

Dans l'ordre politique, l'exil a été parfois fatal à la cause des exilés. Il met entr'eux et leur propre parti une distance que franchit la fidélité sans avoir toujours le courage de porter avec elle l'expression pénible d'affligeantes vérités. Il empêche cette communication incessante qui fait connaître les hommes et l'état des esprits. Ne craignons pas de le dire cependant : il pourrait y avoir quelque chose de plus funeste encore que l'exil. Ce serait d'habituer les regards à ne voir dans les princes que des Français illustres et non les représentants de la monarchie. Ils ne seraient pas exilés ; mais la monarchie peut-être resterait en exil.

Une politique d'immobilité, de *laisser faire*, arrêterait l'élan du parti monarchique et deviendrait pour lui une cause de faiblesse. Certes, il est permis de compter sur l'aide de Dieu ; mais ce serait une dangereuse erreur de n'attendre son salut que du ciel et du cours imprévu des événements.

Le parti monarchique puisera une nouvelle force dans des encouragements venus de haut, dans une volonté dirigeante, communiquant l'activité et la confiance. Ainsi s'accentuera le mouvement qui en entretenant le zèle des royalistes, entraînera les masses indifférentes ou indécises. Pour que ces masses si fatiguées, si dégoûtées qu'elles puissent être de la république, aillent à la monarchie, il faut que cette monarchie se montre à elles.

On objecte que les éléments qui combattent pour la cause monarchique ont peu de chances de succès, parce qu'ils se composent surtout de classes élevées et restreintes de la société. Ces éléments fussent-ils les seuls, pèseraient encore de quelque poids, car en dépit du suffrage universel et des efforts de la démagogie, il y a en eux une puissance morale qui tôt ou tard finit par être victorieuse.

La royauté a pour elle les catholiques, ce qui est élevé par le rang, la fortune et l'intelligence, ce qui est honnête, patriotique et sensé, en un mot l'élite de la nation. Elle a pour elle cette partie du peuple laborieuse et craintive qui supporte ce qu'elle ne voit pas de moyen d'empêcher, et appelle de ses vœux la délivrance, sans chercher à se délivrer elle-même.

Si la loi du nombre (d'un nombre asservi et trompé) obtient un triomphe passager, il y a un jour, une heure où l'élite qui représente l'ordre, la raison, les véritables intérêts matériels et moraux d'un pays, l'emporte sur une multitude dont quelques démocrates ambitieux et corrompus ont entretenu les erreurs et flatté les passions, afin d'en faire l'instrument de leur fortune et de leur domination.

Il y a dans les principes une logique supérieure aux mauvais gouvernements.

Un concours providentiel de circonstances, les excès et les fautes de la république, emportée dans le torrent révolutionnaire, permettent d'entrevoir le rétablissement de la monarchie qui apparaît à la France comme la ressource suprême réservée à son salut.

Descendant d'Henri IV, vous que les espérances royalistes saluent du nom de Philippe VII, vous ne sauriez désirer par une vaine ambition cette noble couronne qu'ont portée tant de rois, vos prédécesseurs et vos ancêtres. Les monarques de nos jours ne doivent plus compter hélas ! sur l'amour et la reconnaissance des peuples, et dans notre société moderne, il est peu de trônes à l'abri de ces orages que soulèvent des doctrines ennemies de Dieu et des rois. Mais la France est en butte à tous les maux qui aient jamais accablé un pays. La royauté peut seule refaire sa fortune, délivrer la religion de la tyrannie de l'impiété, et nous rendre l'ordre, la paix et la liberté. Si la tâche est lourde, elle est assez glorieuse et assez belle pour tenter votre patriotisme.

LE MANS. — TYP. ED. MONNOYER. — 1884.